希恩04

希恩04

召喚奇蹟的
圓夢說話術

Your
WORD
is Your
WAND

佛羅倫斯‧斯科維爾‧希恩◎著

陳師蘭◎譯

召喚奇蹟的圓夢說話術

希恩 04

原書書名／Your Word is Your Wand
原書作者／佛羅倫斯‧斯科維爾‧希恩（Florence Scovel Shinn）
翻譯／陳師蘭
封面設計／李綖瀅
美編／劉桂宜、吳佩真
主編／高煜婷
總編輯／林許文二

出版／柿子文化事業有限公司
地址／11677臺北市文山區羅斯福路五段158號2樓
服務專線／（02）89314903#15
傳真／（02）29319207
郵撥帳號／19822651柿子文化事業有限公司
E-MAIL／service@persimmonbooks.com.tw

初版一刷／2010年8月
二版一刷／2018年6月
定價／新臺幣270元
ISBN／978-986-96292-0-1

國家圖書館出版品預行編目資料

召喚奇蹟的圓夢說話術/佛羅倫斯‧斯科維爾‧
希恩（Florence Scovel Shinn） 作; 陳師蘭譯.
－ 二版. -- 臺北市：柿子文化，2018.06
面； 公分. --（希恩；04）
譯自:Your Word is Your Wand
ISBN 978-986-96292-0-1（平裝）

1.生活指導 2. 自我肯定

177.2   107004736

肯定語——你的創造工具

接到柿子文化的推薦序邀約，讓我再一次感受到宇宙的有趣安排。

《召喚奇蹟的圓夢說話術》的主題是各種各樣的肯定語，肯定語是一項可協助人們創造出一切渴望的強大工具；只要利用空閒時間多對自己重複這些肯定語，就可以啟動宇宙法則協助自己實現各種願望！

因為我也曾推出了「連續三十天、把肯定語寄送到訂戶的e-mail信箱裡」的服務，並得到許多見證與回饋，證明了「對自己複誦正面積極的肯定語」對人們的幫助。

因此，我幾乎毫不考慮地答應作序推薦《召喚奇蹟的圓夢說話術》這本書。

除此之外，這本書還有很多地方讓我讀來特別有共鳴：

1. **中英對照**——讓對英文不陌生的讀者，有時在能對照閱讀原文的過程中獲得更大的感動。

2. **分門別類**——《召喚奇蹟的圓夢說話術》將各種肯定語分門別類，清楚的告訴讀者在什麼狀況可使用何種肯定語，讓這本書成為一本能隨時拿出來查閱的參考書。

3. **豐富實例**——書中穿插了許多實際發生的案例，來說明肯定語的功效，讓讀者讀來更有信心、躍躍欲試。

　　真的，我們一直都握有能造就或毀滅自己的工具，我們得到的是喜樂還是苦難，也完全取決於自己如何運用這些工具，而其中最強效的工具之一，正是「詞語」。

　　靜下來，聽聽看，你心裡的小聲音大部分時間在說些什麼？是正面、積極、樂觀的，還是負面、消極、悲觀的詞語文句？

　　如果是後者，那《召喚奇蹟的圓夢說話術》這本書將能幫上非常、非常大的忙。

王莉莉 SHILA WANG
《失落的致富經典》&《和諧財富》譯者、《零阻力的黃金人生》作者

幸福，其實比你想的簡單！

哈！這真是一本「心想事成」的好書！

很多人或許都不太清楚，言語是彰顯願望重要的通道，往往說出來的言詞，皆是反應內在的任何想法，更是成為物質實相的元素。

如果能夠運用此書所教導的「正向」肯定句或言詞，幸福的人生將會隨手可得。

安一心

華人網路心靈電臺共同創辦人

推薦序 3

你的話語真的就是你的魔杖，
此書就是你的神奇咒語魔法手冊！

　　新心靈學說生命的三大創造工具是思想、言語、行動；正好對應佛家所說的身（行）、口（言）、意（思）。所以思維本就是有磁力與力量的第一項生命實相創造工具，若繼之配合上方向一致的言語更會產生數以倍計的吸引力，和引發後續強大的效能行動！

　　因此在閱讀希恩女士的《想像力是完美人生的剪刀》、《健康、財富、愛與完美自我表現的人生祕密》、《話語！啟動宇宙最驚人的共振能量》，再配合此書中實用於健康、財富、感情等生活各面向的正面祈禱心語，你就會像一位掌握了神奇咒語的生命魔法師，更能在你的生活中源源不絕的創造好運奇蹟！一、二、三！讓我們一起開始舞動魔杖吧！

周介偉
光中心主持人

言語的力量

太初有道。道與神同在，道就是神。

In the beginning was the Word, and the Word was with God, and the Word was God.

每次當我讀到《約翰福音》開頭的這句話，總會有不一樣的想法。

這裡的「道」（the Word），古希臘的原文是「logos」，意思是「言語」。關於它的意義，在宗教上各有不同的解釋與說法，但是它也可從「吸引力法則」的角度切入解釋。

事實上，每個人在面對人生的種種境況時，對其遭遇的看法與詮釋，從更細緻的意義上來說，就是一種無形的內在「言語」——他「說」（詮釋）他的境遇是如何，他的實相就是如何；其感受完全是照著他的詮釋（內在言語）在走的。

這就是吸引力法則的絕對性，也是言語力量的所在。

你怎麼「說」這世界，這世界就呈現什麼樣子——你創造自己的實相。以吸引力法則來說，這就是「道就是神」的意涵。神，即是創造。

很棒的是，我們也可利用吸引力法則，說出幸福的語言，創造幸福的人生。希恩女士的這本《召喚奇蹟的圓夢說話術》貼心地針對各方面的需要，為我們寫下最有力量的肯定語；本

書的每一字句不僅能提升我們的正面能量，更是直接透露出生命的真相——我們本來就是完整、和諧、平安、有力量、充滿愛、健康又完美的。

　　幸福不該是個奢侈品；我們也不應該輕忽言語的力量。願人人都可以大聲說出自己的肯定語，讓這世界真正成為幸福的天堂！

謝明憲

心靈文字工作者、《祕密》譯者

003　推薦序 • 肯定語——你的創造工具　王莉莉
005　推薦序 • 幸福，其實比你想的簡單　安一心
006　推薦序 • 你的話語真的就是你的魔杖，此書就
　　　　　　　是你的神奇咒語魔法手冊！　周介偉
007　推薦序 • 言語的力量　謝明憲
012　編輯序 • 幸福，要大聲說出來！
014　前言 • 你的話語就是你的魔杖

PART 1

給對未來沒有安全感的人

祈求成功　021　讓人生逆轉勝的48個關鍵句
祈求幸福　039　吸引好事的19個肯定句
祈求智慧　048　開啟智慧的35個魔法句
祈求信心　060　36條祈禱祠找回失落的信心
祈求Pass　074　讓面試成功的3句真言
祈求指引　076　8個許願句抓住改變生命的直覺
祈求保護　081　打破負面思維的3句禱告詞
祈求真我　083　實現完美人生的10個祝禱詞
祈求視力　090　預見美好未來的7個祈福文
祈求聽力　094　讓耳朵傾聽直覺的最佳2句許願詞
祈求記憶　096　1句快樂密語拋開挫折和悲傷往事
祈求豐收　098　擺脫失敗圖像的唯二解答

CONTENTS

PART 2

給對各種人際關係感到不知所措的人

祈求真愛　103　找到真愛的6句幸福小語
祈求婚姻　107　讓愛情持續到永遠的No.1魔法咒
祈求寬恕　110　用原諒打開幸福大門的4個祈願文
祈求和平　112　讓動物也一輩子快樂的2個有效句

PART 3

給正為病痛所苦的人

祈求健康　117　不生病生活的5大肯定語
祈求滋養　121　改善貧血的2個有效關鍵句
祈求舒適　123　疼痛的最佳療癒小語
祈求強壯　125　治療心臟病的好用祈禱詞

PART 4

給想吸引更多財富的人

祈求財富　131　提升好財運的13個咒語
祈求擁有　138　避免丟失的2個肯定語
祈求了債　142　讓你與他人兩不相欠的2段祈願詞
祈求業績　146　讓買家和賣家都滿意的佳句Top1

祈求天時 150 遠離天災的3個肯定句

祈求旅行 153 成功出遊的祕密重點句

祈求好事 155 26句好話擁有健康、財富與愛的
完美人生

172 結語 • 讓奇蹟降臨

幸福，
要大聲說出來！

「許多人總是因為無意義的話，而為自己的生命帶來災禍！」這其實是因為我們的潛意識一點幽默感也沒用，所以，人們才會常常因為自我嘲弄而陷入不幸。

語言的驚人力量，
在於我們不管說什麼都可以產生吸引力！

你雖然想要變幸福，卻總是在不知不覺中說出錯話，那就可能招致錯誤的結果。因為我們所說的話，會不斷地為自己訂下人生的遊戲規則——如果你老是說：「為什麼我一直那麼窮？」「我總是錯過要搭的公車？」「每次被裁員的都是我？」那你可能就真的會一直窮下去、常常趕不上公車，或是面臨第十次、第二十次……被Fire的殘酷命運。

所謂的「吸引力法則」，就是靠自身的積極、正向的信念，讓生命變得更如意；不過老實說，人類的思緒並非可以輕易掌控（我們的確無法時時刻刻控制我們的思緒），但是藉由好的言詞，我們可以一而再、再而三地加深思想的印象，這樣一來，我們就比較能夠為自己打造一個吸引好事的「體質」！

　　希恩在《召喚奇蹟的圓夢說話術》中，針對逾二十種模擬狀況，提供了超過二百三十句充滿力量的肯定語，在閱讀這本書時，希望大家不只是「看」，還一定要大聲地「讀」出來！就像唸書要「唸」出來會更容易記住一樣；好話要「說」出口，才能在潛意識裡留下深刻的痕跡；尤其在你感到無助時更需要多說幾遍。為此，柿子的希恩編輯團隊，也在希恩留給我們的肯定語上做了特別的小叮嚀，讓讀者可以簡單地明瞭，哪一句肯定句特別適合在什麼時候唸。

人生的道路總是非常豐盛——
但唯有透過渴望、信心或話語，
才能真正實現這條豐盛的人生道路！

　　最後，謹以希恩的這句名言，獻給所有想要變幸福的人，希望大家都能學會運用語言的力量，心想事成，成功人生！

柿子文化編輯室

你的話語就是你的魔杖

　　一個人的話語就是他的魔杖，充滿了魔法與力量。耶穌非常強調語言的力量：「因為要憑你的話定你為義，也要憑你的話定你有罪。」、「生死在舌頭的權下。」因此，人們只要輕輕揮動語言的魔杖，就有能力改變一個不圓滿的狀況，在悲傷處顯現喜樂；在病痛處顯現健康；在匱乏處顯現豐足。

　　曾有一位女士為了得到成功而來找我尋求「治療」，她一無所有，身上只剩兩美元。我說：「我們來祝福這兩塊錢，並確定你有一個靈性的魔法錢包，它永遠不會空乏，一旦有錢被花出去，在神的恩典下，馬上就會有錢以完美的方式補進來。我看到它總是鼓脹著塞滿了錢：黃色的鈔票、綠色的鈔票、粉紅色的支票、藍色的支票、白色的支票、金、銀和現鈔；我看到它裝著滿滿的豐足而鼓脹著。」

　　她回答道：「我現在覺得我的袋子重重的裝滿了錢。」同時也裝滿了信心，因為她給了我她僅存兩塊錢中的一塊錢，作為愛的奉獻。我不敢拒絕她，以免將她視為匱乏的人，因為對她抱持豐足的想像是很重要的。

不久之後，她就得到了六千美元的贈禮。

讓這一切發生的，是無懼的信心和說出的話語。

對魔法錢包確信不疑，具有非常大的力量，因為它會在你的腦袋中建構出一個非常生動鮮活的畫面。當你用「鼓脹著」和「塞滿了」這些字眼時，就一定會在想像中看到你的錢包或皮夾裡放滿了鈔票。

想像力就是創造力！
因此，選擇那些能夠閃現出願望實現時景像的話語，
是很重要的。

絕對不要用想像硬擠出一幅畫面；而要讓神性的模式自己閃現在你的意識裡，然後由學生依據這神聖的設計開始工作（參見《健康、財富、愛與完美自我表現的人生祕密》P176）。

耶穌說：「你們必曉得真理，真理必叫你們得以自由。」意思就是說人們一定要知道他所面對的每一種狀況。

　　沒有任何一種真理是處於匱乏或受限的狀態之中。「他輕輕揮動語言的魔杖，於是荒野開始欣欣向榮，百花猶如薔薇盛放。」

　　恐懼、懷疑、焦慮、憤怒和怨恨會摧毀我們身體的細胞，衝擊神經系統，也是疾病和災難的來源。

　　只有完全控制好情緒化的本質，才能贏得幸福和健康。

　　力量是主動而非被動的。當一個人在面對逆境時，還能保持寧靜平穩、擁有良好的胃口，並且感到滿足與喜樂，那麼他就已經掌握了優勢。然後他就有力量「斥責風和海」，掌控所有狀況。

　　一個人的話語就是他的魔杖，能將可預見的失敗轉變成功。他知道他的宇宙補給是無窮無盡且立即發生的，而且他所有的需求都會立刻顯露出來。

　　一位住在海邊的女士，早上醒來聽見濃霧警報嗚嗚地響

著，一片濃霧籠罩在海面上，沒有一點要散去的跡象。於是她馬上說出這樣的話：「在神的心中並沒有霧。因此讓這片霧散去吧！我要將感恩獻給陽光。」

很快的，太陽就露出臉來，因為人已經掌握了對「大自然──所有受造物」的統治權。

每一個人都有力量在他的生命中驅散一片濃霧，那可能是一片缺乏金錢、缺乏愛、缺乏快樂與健康的濃霧。

將感恩獻給陽光吧！

給對未來沒有安全感的人

Success

黃金時代在我們面前而不在我們背後。

——馬克・吐溫（Mark Twain），美國作家——

祈求成功

讓人生逆轉勝的48個關鍵句

- 要說出會在你潛意識中留下美好印記或畫面的話語。

- 要培養捕捉一閃而過的內在直覺的能力,「指引」的力量會利用預感、一段對話,或各種可能的情境帶來啟示。

有一些特定的字眼或是圖像，會深深烙印在我們的潛意識之中。

曾經有一位男士來找我，請我為他的理想工作「說話祈求」。

我給了他一句話：「看哪！我已站在命運之門前，這門已為我敞開，沒有人能將它關上。」

這句話看來沒有造成太深刻的印象，因此我靈機一動，又加上了一句：「也沒有人會去關它，因為這門已被釘牢在牆上。」

這位男士士氣大振，腳步輕快地離開了。就在幾個星期後，他被派到一個遙遠的城市，擔任一個非常棒的職位，而這一切都是以一種奇蹟般的方式發生。

我還有另外一個例子，是關於一位女士，她毫無畏懼地跟著一個「直覺」走，因而得到了成功。

這位女士原本為了一份稀薄的薪水而工作，在讀了我的書《健康、財富、愛與完美自我表現的人生祕密》後，一個想法在她腦中一閃而過：她應該開一間輕食茶館兼糖果舖，為自己開創一份新事業。

這想法一開始讓她很猶豫，但它卻一直在腦中盤桓不去，於是她放膽踏步向前，弄間店面並請了店員。

然後，她「說出了請求供給的話語」，因為她沒有

錢可以做她新事業的周轉後援。結果，一切如奇蹟般發生，她的店鋪順利開張了！從開張的第一天開始，她的店裡就擠滿了人，如今更是「人潮爆滿」，人們排隊等著到她的店裡消費。

一天，因為是假日，她的店員有些消沉，說他們不能指望生意能如平日般興隆。然而我的學生回答說，她的供給來自神，因此每一天都是好日子。

到了下午，一個老朋友走了進來，參觀她的店並且買了一盒一公斤重的糖果。他給了她一張支票，而當她看到那張票的時候，發現那是一張一百美元的支票！一盒糖果就進帳一百美元！所以，毫無疑問的，那天當然是個好日子囉！

她說每天早上她都帶著驚喜的心進入店鋪，並且為了自己能有無所畏懼的信心而得到的成功獻上感恩。

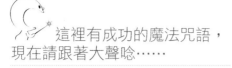

這裡有成功的魔法咒語，
現在請跟著大聲唸……

現在場地已經為神聖的行動清理乾淨了，在恩典之下，一切屬我的事物，都以奇妙的方式來到我身邊。

我現在放開所有令人疲憊的狀況和讓人精疲力盡的事物。神性的秩序已經確立在我的心靈、身體和周遭事務上。

「看哪，我將一切都更新了！」

在我看來不可能的好事，現在都發生了；所有意想不到的好事，如今都實現了！

——絕望時唸10次——

那「成功的四風」現在就吹在我的身上。從北方、南方、東方和西方，為我帶來源源不絕的利益。

基督在我心中升起，現在我將完成我的天命。

數不盡的好事現在正以數不盡的方式來到我身上。

——每天唸1次——

The decks are now cleared for Divine Action and my own comes to me under grace in a magical way.

I now let go of worn-out conditions and worn-out things. Divine order is established in my mind, body and affairs.
"Behold, I make all things new."

My seeming impossible good now comes to pass, the unexpected now happens!

The "four winds of success" now blow to me my own. From North, South, East and West comes my endless good.

The Christ in me is risen, I now fulfill my destiny.

Endless good now comes to me in endless ways.

我敲響我的鐃鈸，並且歡欣鼓舞，因為耶和華走在我的前面，為我預備清楚、簡單且成功的道路。

我為自己旋風般的成功獻上感恩。我已掃除面前的一切障礙，因為我與上天一同工作，並且遵循我生命的神聖計畫。

我的靈性冒險血液已經沸騰！而我非常能勝任這種狀況。

——遇到困難時唸5次——

我意識到我的優勢，並且在無盡的機會中豐收成果。

我是和諧的、平衡的，並充滿吸引力。我現在將一切屬我的事物都帶到身邊。我的力量就是神的力量，誰都無法抵抗！

我現在遠離一切的痛苦和怨恨，我的沉穩建立在磐石之上，基督就在其中。

在靈性的層面上沒有所謂的對手。所有正當的寶庫，都在恩典下賜予給我。

I clap my cymbals and rejoice, for Jehovah goes before me making clear, easy and successful my way!

I give thanks for my whirlwind success. I sweep all before me for I work with the Spirit and follow the Divine Plan of my life.

My Spiritual Sporting blood is up! I am more than equal to this situation.

I am awake to my good, and gather in the harvest of endless opportunities.

I am harmonious, poised and magnetic. I now draw to myself my own. My power is God's power and is irresistible!

I am now immune to all hurt and resentment: my poise is built upon a rock, the Christ within.

There is no competition on the Spiritual plane. What is rightfully mine is given me under grace.

在我裡面有一個從未被發現的國度，如今以耶穌基督的名向我顯現。

看哪！我已站在命運之門前，這門已為我敞開，沒有人能將它關上，因為它已被釘牢在牆上。

命運的浪潮已經轉變，所有事情都以我想要的方式到來。
———倒楣時唸3次———

我已趕走過去，如今生活於美好的「現在」，每天都有快樂的驚喜發生在我身上。
———陷入谷底時唸5次———

在上天的旨意（神的國度）中，沒有喪失機會這回事，因為當一扇門關上，就必有另一扇門開啟。

我以奇妙的方式，擁有一份奇妙的工作；我提供奇妙的服務，得到奇妙的報酬。
———找不到工作時唸5次———

我內在的天才如今得到釋放，我正在完成我的天命。
———希望有所發揮時唸1次———

have within me an undiscovered country, which is revealed to me now, in the name of Jesus Christ.

ehold! I have set before thee the open door of Destiny and no man shall shut it, for it is nailed back.

he tide of Destiny has turned and everything comes my way.

banish the past and now live in the wonderful now, where happy surprises come to me each day.

here are no lost opportunities in Divine Mind (the kigdom), as one door shut another door opened.

have a magical work in a magical way, I give magical service for magical pay.

he genius within me is now released. I now fulfill my destiny.

我與障礙做朋友，讓每一個障礙物都成為墊腳石。宇宙中的每一件事物，看得見與看不見的，都是為了將一切屬我的事物帶給我而工作。

── 找不到自我定位時唸3次 ──

我獻上感恩，因為依著耶穌基督的名，耶利哥的城牆倒塌，如同我意識中所有的匱乏、侷限和失敗想法，都將被徹底摧毀。

我現在就站在成功、幸福和富足的康莊大道上，而且是依我想要的方式進行。

── 每天唸1次 ──

人的意志是無法抵抗神的意志的。現在，神的意志在我的心靈、身體和周遭事物上顯現完成。

耶和華行在我的前面，使我戰無不勝。所有敵對的思考都被消滅。在基督的名裡，我就是勝者。

關於我生命的神聖計畫現在已成形，並化為明確且具體的經驗，成為我心中的渴望。

make friends with hindrances and every obstacle becomes a stepping-stone. Every-thing in the Universe, visible and invisible, is working to bring to me my own.

give thanks that the walls of Jericho fall down and all lack, limitation and failure are wiped out of my consciousness in the name of Jesus Christ.

am now on the royal road of Success, Happiness and Abundance, all the traffic goes my way.

an's will is powerless to interfere with God's will. God's will is now done in my mind, body and affairs.

ehovah goes before me and the battle is won! All enemy thoughts are wiped out. I am victorious in the name of Jesus Christ.

he Divine Plan of my life now takes shape in definite, concrete experiences leading to my heart's desire.

在我道路上的所有障礙現在都已消失。門戶道路大開，閘門已被升起，在恩典之下，我進入滿願成就的國度。

——絕望時唸3次——

韻律、和諧與平衡現在已在我的心靈、身體和周遭事物上建立。

——每天唸3次——

神性活動的全新田地現在為我敞開，這片田地因收穫豐足而潔白如雪。

我將致力行善而不覺得厭煩，因為在我不求回報的同時，將能豐收報償。

——感覺善沒善報時唸3次——

神為我預備的計畫是永恆且不可改變的。我忠於上天給我的默示（譯注：heavenly vision在《聖經》裡指「屬天的異象」）。

上天的旨意中沒有障礙，因此，沒有任何事物能阻擋我的幸福。

我現在以不可違抗的力量和決心，從宇宙的財庫中，取回依神授權利決定屬於我的一切。

All obstacles now vanish from my pathway. Doors fly open, gates are lifted and I enter the Kingdom of fulfillment, under grace.

Rhythm, harmony and balance are now established in my mind, body and affairs.

New fields of Divine activity now open for me and these fields are white with the harvest.

I will not weary of well-doing, for when I least expect it I shall reap.

God's plan for me is permanent and cannot be budged. I am true to my heavenly vision.

There are no obstacles in Divine Mind, therefore, there is nothing to obstruct my good.

I now draw from the Universal Substance, with irresistible power and determination, that which is mine by Divine Right.

我不會去抗拒現狀，而會將它放在無限的愛與智慧手中，讓靈性的模式現在就實現！

———不如意時唸1次———

祢的國已進入我心中，祢將在我和我周遭事物上完成顯現。

我的幸福現在如同一條穩定不間斷且愈來愈豐沛的溪流，載滿了成功、快樂與富足，源源不絕的流向我。

———每天唸3次———

「沒有什麼事情值得害怕，因為沒有任何力量能夠造成傷害。」我迎向盤踞在我道路上的雄獅，並且發現一個全副武裝的天使，依著基督的名取得勝利。

在法則的運作下，我處於完美的和諧狀態。我站在一旁，讓無窮的智慧使我的道路化為簡單且成功之路。

神性活動的全新領域現在為我敞開。意想不到的門戶為我大開；意想不到的道路條條暢通。

我所站的土地是神聖之地，我所站的土地是成功之地。

I do not resist this situation. I put it in the hands of Infinite Love and Wisdom. Let the Divine idea now come to pass.

Thy Kingdom come in me, Thy will be done in me and my affairs.

My good now flows to me in a steady, unbroken, ever-increasing stream of success, happiness and abundance.

"There is nothing to fear for there is no power to hurt." I walk up to the lion on my pathway and find an angel in armor, and victory in the name of Jesus Christ.

I am in perfect harmony with the working of the law. I stand aside and let Infinite Intelligence make easy and successful my way.

New fields of Divine Activity now open for me. Unexpected doors fly open, unexpected channels are free.

The ground I am on is holy ground; The ground I am on is successful ground.

神為別人做了什麼事，也必為我而做，且做得更多。

我對神而言，就如同神之於我一樣，是不可或缺的，因為我是祂實現計畫的管道。

我不會把眼光放在自身的限制來限制神。當神與我同在，任何事都可能發生。

「施」永遠重於「受」。我對他人的奉獻永遠走在神給我的恩賜之前。

每個人都是我幸福鎖鍊上的一個黃金環節。

——每天唸1次——

我的平穩寧靜建立在一塊磐石之上，我的目光清晰而且行動敏捷。

——感覺不安時唸3次——

神不會失敗，所以我也不會失敗。「我內在的戰士」已經贏得勝利。

What God has done for others He can do for me and more!

I am as necessary to God as He is to me, for I am the channel to bring His plan to pass.

I do not limit God by seeing limitation in myself. With God and myself all things are possible.

Giving precedes receiving and my gifts to others precede God's gifts to me.

Every man is a golden link in the chain of my good.

My poise is built upon a rock. I see clearly and act quickly.

God cannot fail, so I cannot fail. "The warrior within me" has already won.

神那戰無不勝的力量將掃除面前所有的障礙，我將乘風破浪，進入屬於我的應許之地！

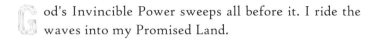

God's Invincible Power sweeps all before it. I ride the waves into my Promised Land.

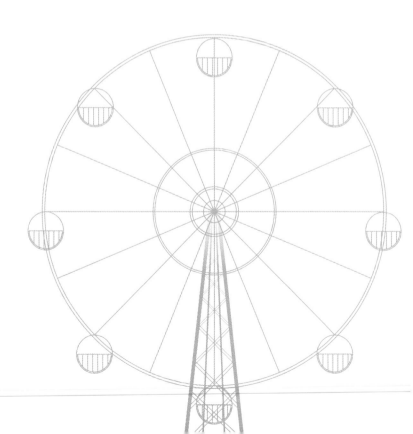

祈求幸福

吸引好事的19個肯定句

- 透過完美掌控情緒化的天性來使用肯定語句，
  才能贏得幸福。

- 一定要抱持著絕對的信心，這樣才能產生安全
  感與幸福感。

《月宮寶盒》（The Thief of Bagdad，又譯《巴格達大盜》）這部精采的冒險電影，告訴我們幸福是必須爭取贏得的！而幸福是必須透過完美掌控情緒化的天性，才能贏得。

一個充滿了恐懼、焦慮或擔憂的地方，是不可能會有幸福存在的。只有對神抱持著絕對的信心，才能產生安全感與幸福感。當一個人知道有一股強大且無敵的力量保護著他和他所愛的一切，並且會滿足他心中每一個正當的渴望，他將放鬆每一根緊繃的神經，並且感到快樂和安全。這樣的人在面對逆境時是平穩寧靜的，因為他知道那無窮的智慧正保護著他關愛的一切，並且會利用每一個局勢，來讓屬於他的好事發生。

「我必在曠野開道路；在沙漠開江河。」

盤桓在腦中的憂慮會讓人眉頭緊鎖，憤怒、怨恨、敵意、嫉妒和報復心會奪去人們的幸福，並且在他們的生命航道上帶來病痛、失敗和貧困。尤其是怨恨，它比酗酒毀掉更多家庭、比戰爭謀殺更多人命。

有一位女士，她非常的健康快樂，並且與自己所愛的男人結了婚。後來這個男人死了，還把他的部分財產留給了一個親戚，這讓這位女士心中充滿了怨恨，結果她體重直落，無法繼續工作，還得了膽結石，最後變得非常痛苦虛弱。有一天，一位玄學家前去拜訪她，他告訴他說：「女士啊！看看憎恨和怨怒對你做了什麼？它們讓堅硬的石頭在你體內成形生長，現在，唯有寬恕和善意才能醫治你了。」

這位女士看到了這些話語中的真意，於是轉變為和諧而寬容，並且重拾她往日的光彩健康。

這些句子有幸福的神祕力量，
請大聲唸出來……

神為我所建構的計畫，是完美且永恆不變的。

God's ideas for me are perfect and permanent.

我心所渴望的人事物，在上天的旨意中是一個完美的計畫，是不會墮落也不能破壞的。現在，在恩典之下，它們都實現了。

My heart's desire is a perfect idea in Divine Mind, incorruptible and indestructible, and now comes to pass, under grace in a magical way.

我只渴望那些無上高靈也渴望的東西，我只要求那些神所賜予屬於我的事物，並且是在神的恩典賜福下，以完美的方式得著。

I only desire that which Infinite Intelligence desires through me. I claim that which is mine by Divine right, and under Grace in a Perfect Way!

我現在被洪水般洶湧的幸福包圍，而這幸福是從一開始就為
我而計畫。我的庫房是滿滿的；我的杯中滿溢著喜樂。

——每天唸1次——

那些屬於我數不盡的好事，現在正以數不盡方式來到
我身邊。

——每天唸3次——

我以非常棒的方式擁有非常美妙的喜樂，而且這美妙的喜樂
會停留在我身邊。

——不快樂時唸5次——

每天都有快樂的驚喜發生在我的身上。我帶著驚喜的
心，看著面前的一切。

——感到生活無趣時唸5次——

我勇敢地走向盤踞道路中央的雄獅，然後發現它是一隻友善
的愛爾得兒犬（一種毛絨絨的大型梗犬）。

我是和諧、快樂並且容光煥發的，遠離一切恐懼造成
的暴虐。

——害怕時唸1次——

我的幸福是建立在磐石之上，而且它從現在直到永遠都是屬
於我的。

I am now deluged with the happiness that was planned for me in the Beginning. My barns are full, my cup flows over with joy.

My endless good now comes to me in endless ways.

I have a wonderful joy in a wonderful way, and my wonderful joy has come to stay.

Happy surprises come to me each day. "I look with wonder at that which is before me."

I walk boldly up to the lion on my pathway and find it is a friendly airedale.

I am harmonious, happy, radiant; detached from the tyranny of fear.

My happiness is built upon a rock. It is mine now and for all eternity.

我的好運現在如一條穩定的、不間斷的、愈來愈大的幸福河流，源源不絕地流到我這裡。

———每天唸1次———

我的幸福就是神的事務，因此，沒有人能夠妨礙阻撓的了。

我獻上感恩，為了我永恆不變的幸福、為了我永恆不變的健康、為了我永恆不變的財富，以及永恆不變的愛。

———每天唸1次———

我是和諧平穩、快樂並充滿吸引力的，我現在從平靜的大海上帶來屬於我的船隻。

———不喜歡自己時唸1次———

神與我同在，因此，我內心所渴望的一切，現在也都與我同在了。

y good now flows to me in a steady unbroken, ever-increasing stream of happiness.

 y happiness is God's affair, therefore, no one can interfere.

 give thanks for my permanent happiness, my permanent health, my permanent wealth, my permanent love.

am harmonious, happy and Divinely magnetic, and now draw to me my ships over a calm sea.

s I am one with God I am now one with my heart's desire.

我的供應來自於神，現在，就要在一夜之間如雨後春筍般冒出來。

現在我為了上天是我的禮物而感謝這位給予者。

出乎意料的事會發生，看似不可能的好事現在就要實現。

沒有什麼事好到不可能成真，沒有什麼事美妙到不可能發生，沒有什麼事好到不能成為永恆。

My supply comes from God and now appears like mushrooms overnight.

I now thank God the Giver for God the Gift.

The unexpected happens, my seemingly impossible good now comes to pass.

Nothing as too good to be true, nothing is too wonderful to happen, nothing is too good to last.

祈求智慧

開啟智慧的35個魔法句

- 請隨時檢視自己的意識，記得要為有建設性的事物做準備。

- 人只能為了三個目的而說話，答案就是「治療、祝福或求取財富」。

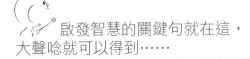

啟發智慧的關鍵句就在這，
大聲唸就可以得到……

信心若是沒有勇氣伴隨，就是死的。

Faith without nerve is dead.

世界上絕對沒有「功虧一簣」這種事。

——想堅定信念時唸1次——

There is never a slip "twixt the right cup and the right lip."

不必想太多，「做」就對了！

——猶豫時唸3次——

Never look or you'd never leap.

邪惡是虛妄的，無法留下任何汙痕。

Evil is unreal and leaves no stain

神會在意想不到的地方、透過意想不到的人及意想不到的時間點上作工，實現祂的奇蹟。

力量是主動而非被動的。

愛你的同胞，指的是不要用言語、思想，或是行為去限制你的同胞。

永遠不要違抗你的直覺。

哥倫布就是跟著直覺走！

天國是完美計畫的領土。

黎明前必有黑暗，但黎明一定會到來，相信黎明吧！
—— 覺得不幸時唸3次 ——

在疑懼中打出你的王牌，大膽做無懼的事。

God works in unexpected places, through unexpected people, at unexpected times, His wonders to perform.

Power moves but is never moved.

Loving your neighbor means not to limit your neighbor in word, thought or deed.

Never argue with a hunch.

Christopher Columbus followed a hunch.

The Kingdom of Heaven is the realm of perfect ideas.

It is dark before the dawn but the dawn never fails. Trust in the dawn.

When in doubt play trumps, do the fearless thing.

只有無懼的事具有意義。 ——每天唸1次——

直覺告訴你該是明天做的事，就絕對不要今天去做。

只要不去爭辯，生活是很棒的！

要視人如已。

絕對不要阻撓他人的直覺。

自私自利會帶來束縛與障礙。每一個充滿愛與無私的
想法，都有著成功的種子。

不要厭倦幻想、作夢，因為在你不要求回報的同時，將可以
豐收報償。

信仰是有彈性的，請盡量把它拉開，直到你能做到的
最大限度。

It is the fearless things that count.

Never do today what intuition says to do tomorrow.

It's a great life if you don't reason.

Regard your neighbor as yourself.

Never hinder another's hunch.

Selfishness binds and blocks. Every loving and unselfish thought has in it the germ of success.

Be not weary of make-believing. When you least expect it you shall reap.

Faith is elastic. Stretch it to the end of your demonstration.

在你需要呼求之前就能夠得到回應，因為供給永遠會跑在請求之前。

當憤怒或怨恨帶來不快樂的反應時，所有的行為都是罪過。

當欺騙和謊言覺醒活躍時，悲傷和失望就跟著來了。罪人的道路是艱困的，因為「祂未曾留下一樣好處給那些行動不正直的人」。

邪惡中沒有任何力量，邪惡一無所有，因此也只能通往一無所有。

恐懼和焦急會使人失去吸引力，而平穩鎮靜則會為人帶來吸引力。

用你的肯定語句蓋過爭論的心，約沙法大聲敲擊他的鐃鈸，這樣他就不會聽到自己的想法（約沙法是猶大王亞撒之子。他因為行事作風非常正直，所以得到神的祝福。在危難戰役中，約沙法因為深信神會拯救他們，所以命軍隊提前唱起勝利之歌，並將榮耀歸予神）。

efore you call you are answered, for the supply precedes the demand.

very act committed while angry or resentful brings unhappy reaction.

orrow and disappointment follow in the wake of deceit and subterfuge. The way of the transgressor is hard. "No good thing will be withheld from him who walks uprightly."

here is no power in evil. It is nothing; therefore can only come to nothing.

ear and impatience demagnetize. Poise magnetizes.

rown the reasoning mind with your affirmation. Jehoshaphat clapped his cymbals so that he wouldn't hear himself think.

所有的束縛都是階級意識的幻覺。在恩典之下，所有的狀況都必有出路。每一個人都能自由地完成神的意志。

肯定主義強過樂觀主義。

—— 感到懷疑時唸3次 ——

神聖的計畫絕對沒有衝突。

在直覺、預感中猶豫不前是危險的。無窮的上天永遠不會太遲！

All bondage is an illusion of the race consciousness. There is always a way out of every situation, under grace. Every man is free to do the will of God.

Sure-ism is stronger than Optimism.

Divine ideas never conflict.

It is dangerous to stop in the middle of a hunch. Infinite Spirit is never too late.

千萬別輕視平凡的小日子（或是看似無足輕重的小事）。

直覺是一條神奇的道路，是你實現願望的最短距離。

我們只有在極度吸引我們的領域裡，才能獲得成功。

你唯一的敵人，就是你自己。

唯一要改變的，只有你自己。當你做出改變，你周圍的一切
就會跟著改變，人們也會隨之改變。

Despise not the day of small things (of seemingly unimportant events).

Intuition is the magic path, the beeline to your demonstration.

We can only be a success in a line which interests us greatly.

Your only enemies are within yourself.

The only person to change, is yourself. As you change, all the conditions around you will change! People will change!

祈求信心

36條祈禱詞找回失落的信心

- 永遠不要談論某個想完成的見證，除非它已確定成形，或是已實現發生。

- 為所希求的事做準備，這能顯示積極的信心，並且讓結果實現。

「希望」會讓人期待，信心則讓人知道他已經得到，並且因此而行動。在我的課堂上，我經常會強調開挖壕溝的重要性（也就是為所希求的事做準備），這能顯示積極的信心，並且讓結果實現（請參見《健康、財富、愛與完美自我表現的人生祕密》P33～P35）。

在我的班上有一個人，我稱他為「黨派人生」，因為他總是努力想要找到一個我無法回答的問題，可是從來沒有成功過。他曾經問道：「那麼，為什麼有那麼多女人準備好了『嫁妝箱』，卻始終沒有結婚呢？」

我回答他說：「因為那是一只『希望之箱』，而非『信心之箱』。」

一個期盼出嫁的女子，在告訴他人關於嫁妝箱這件事，也違犯了「法」。她的朋友們會走進來，坐在嫁妝箱上，懷疑或是希望她的期待永遠不會成功。

「禱告你在暗中的父；你父在暗中察看，必然報答你。」學生應該學著永遠不要談論某個想完成的見證，除非它已成形確定，或是已實現發生。因此一只「希望之箱」（嫁妝箱）應該成為一只「信心之箱」，不要讓眾人看到它，並且說出肯定語句，讓神所揀選的丈夫，在恩典下以完美的方式出現。並且，神所配合的伴侶，沒有任何思想可以將他們分開。

想要有積極的信心，
現在開始跟著唸……

逆境發生是為了我的好事作工，因為神會利用每一個人和每一種情勢，為我帶來我心所渴望的一切。「阻礙是有益的」，障礙會成為跳板。我現在跳入我的好事中！

如同羅盤上的指針永遠指向北方，所有正當屬於我的事物也都指向我。我就是北方！ ——沒有把握時唸3次——

我與完整全然的神同在；也與我完整全然的好事同在。

神的國度來臨，祂的旨意將在我的身上，以及我周遭的事物中完成。

凡是我天上的父不曾為我策畫的計畫現在都消融抹滅，我人生的神聖計畫現在開始實現發生。

我現在以一條看不見的、牢不可破並且充滿磁力的細繩，將我與依神授權利決定屬於我的所有事物緊緊相連在一起。

Adverse appearances work for my good, for God utilizes every person and every situation to bring to me my heart's desire. "Hindrances are friendly" and obstacles spring boards! I now jump into my good!

As the needle in the compass is true to the north, what is rightfully mine is true to me. I am the North!

As I am one with the Undivided One, I am one with my undivided good.

Thy Kingdom is come, Thy will is done in me and my affairs.

Every plan my Father in heaven has not planned is dissolved and obliterated and the Divine Design of my life now comes to pass.

I am now linked by an invisible, unbreakable magnetic cord with all that belongs to me by Divine Right!

凡是神所賜給我的都不能被別人奪走，因為祂的禮物是亙古永恆的。

我是平穩且充滿力量的，我最大的期望現在以一種不可思議的方式實現了。

我在一道金色的榮耀之光中，看到我的好事；我看到我的田地因著收穫豐碩而閃耀白光。

——看不到成功時唸1次——

神是我無窮且立即的幸運供給者。

我的信心是建立在一塊磐石上，在恩典之下，我心所渴望的事物，現在就以不可思議的方式實現。

——感到擔心時唸1次——

我以信心灌溉我的荒野，轉瞬間，那兒百花如薔薇般盛放。

我現在用三條道路訓練我無畏的信心——從思想、語言和行為。我不會被現況動搖，因此現況自會改變。

——不順心時唸3次——

What God has given me can never be taken from me for His gifts are for all eternity.

I am poised and powerful, my greatest expectations are realized in a miraculous way.

I see my good in a golden glow of glory. I see my fields shining white with the harvest.

God is my unfailing and immediate supply of all good.

My faith is built upon a rock and my heart's desire now comes to pass, under grace in a miraculous way.

I water my wilderness with faith and suddenly it blossoms as the rose.

I now exercise my fearless faith in three ways—by thinking, speaking and acting. I am unmoved by appearances, therefore appearances move.

我堅定而不動搖地挺立，為了我看來不可能發生的好事而獻上感恩。因為我知道，與神同在，實現成就是輕鬆簡單的，而且祂成就的時機就是現在！

我依著基督的名，所有的恐懼現在都被消滅，因為我知道沒有任何力量可以造成傷害。神就是所有且唯一的力量。

在法的運作下，我處於完美的和諧中，因為我知道無窮智慧的認知中沒有障礙、時間或空間，只有成就圓滿。

神會以令人意想不到和不可思議的方式來作工，使祂的奇蹟實現。

我現在為了我心所渴望之事物能圓滿成就而做準備，我要讓神看到，我相信祂會持守祂的應許。

我現在以信心和理解，深深地挖掘出我的壕溝，因為我心所渴望之事物會以令人驚喜的方式到來。

——許好願望後唸3次——

I stand steadfast, immovable, giving thanks for my seeming impossible good to come to pass, for I know, with God, it is easy of accomplishment, and His time is now.

All fear is now banished in the name of Jesus Christ, for I know there is no power to hurt. God is the one and only power.

I am in perfect harmony with the working of the law, for I know that Infinite Intelligence knows nothing of obstacles, time or space. It knows only completion.

God works in unexpected and magic ways His wonders to perform.

I now prepare for the fulfillment of my heart's desire. I show God I believe His promise will be kept.

I now dig my ditches deep with faith and understanding and my heart's desire comes to pass in a surprising way.

我的壕溝會在適當的時間裡，填滿所有我曾經要求的事
物，而且給得更多。

——焦急煩亂時唸5次——

我現在「打退外邦的全軍」（把負面思想擊退），信
心會吞噬掉恐懼與匱乏。

——恐懼懷疑時唸5次——

我對神有完全的信心，如同神對我也有完全的信心。

我獻上感恩，因為我已經得到心中正當渴望的一切事
物。一切山崗都能移開，一切深谷都能填滿，一切崎
嶇的都要變成為平原。

——每天唸1次——

神的計畫不能被動搖，因此，凡是依神授權利決定屬於我的
一切，將永遠與我同在。

神的應允是建立在一塊磐石之上，凡我所呼求的都必
可得到。

「請讓我永遠不離開我心所渴望的一切。」

——想實現願望時唸1次——

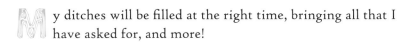

y ditches will be filled at the right time, bringing all that I have asked for, and more!

now "put to flight the army of the aliens" (negative thoughts). They feed on fear and starve on faith.

have perfect confidence in God and God has perfect confidence in me.

give thanks that I now receive the righteous desires of my heart. Mountains are removed, valleys exalted and every crooked place made straight.

od's ideas cannot be moved, therefore, what is mine by Divine Right will always be with me.

od's promises are built upon a rock. As I have asked I must receive.

Let me never wander from my heart's desire."

我不以語言、思想或行為去限制以色列的聖神。只要與神同在，所有事情現在都是簡單而可能的。

——每天唸1次——

我現在讓出位置讓神作工。我興味盎然地看著祂讓我心所渴望的一切，都立即且輕鬆地實現。

我將一切重擔卸給內在的基督，得著自由解脫。（請參見《健康、財富、愛與完美自我表現的人生祕密》P107~P112。）

祂看顧、照管著我內心所渴望的一切，「既不打盹，也不睡覺。」

在基督的名下，看起來不可能的門，現在都已打開；看起來不可能的管道，現在都已暢通。

在上天的旨意中，我的幸福是完美且永恆的計畫，而且必定成就，因為它的面前沒有阻礙。

在我呼求之前就已得到答案，我現在以卓越非凡的方式收割成果。

I do not limit the Holy One of Israel, in word, thought or deed. With God all things are easy and possible now.

I now stand aside and watch God work. It interests me to see how quickly and easily He brings the desires of my heart to pass.

I cast every burden on the Christ within and I go free!

He who watches over my heart's desire "Neither slumbers nor sleeps."

Seeming impossible doors now open, seeming impossible channels are free, in the name of Jesus Christ.

My good is a perfect and permanent idea in Divine Mind, and must manifest for there is nothing to prevent.

Before I called I was answered and I now gather in my harvest in a remarkable way.

在神以及祂的偉大力量中，我非常堅強。

我擁有無數的力量之主做我的後盾。

神寬闊的臂膀能夠伸得比人和各種情勢更遠，並且控制這個
場面，保護我的利益。

I am strong in the Lord and the Power of His might

I am backed by unnumbered hosts of power.

The long arm of God reaches out over people and conditions, controlling this situation and protecting my interests.

祈求PASS

讓面試成功的3句真言

- 記住人人都是你的貴人。

- 堅定信心，屬於我的職位就會是我的，但若不
  是，也要樂意祝福別人得到屬於他的祝福。

現在，請跟著唸這些
有助於通過面試的肯定句⋯⋯

在靈性的計畫裡沒有競爭對手，凡是屬於我的，都將在恩
典之下賜給我。

There is no competition on the Spiritual plane. What is
mine is given me, under grace.

這個人（或這些人們）的心靈，會在愛裡確認出我。
神會保守我的利益，神聖的計畫現在要在這個場合中
實現。

I am identified in love with the Spirit of this person (or
persons). God protects my interests and the Divine
Idea now comes out of this situation.

神賞識我，因此人們也賞識我，我也欣賞我自己。

God appreciates me, therefore, man appreciates me, I
appreciate myself.

祈求指引

8個許願句抓住改變生命的直覺

- 説出你想要的是什麼，記得在獲得明確的引導之前，先不要行動。

- 宇宙的答案會透過直覺（或預感）告訴你，不論是其他人所説的話，或是書裡的某個段落等，要隨時警醒留意。

在每個人的人生道路之中，永遠有著要給他的訊息或是引導。

　　有一位女士為了某個不幸的境遇而深感苦惱，她想著：「這件事到底會不會解決啊？」

　　此時，她的侍女就站在一旁，開始講起了自己的故事。雖然這位女士因為太過憂心而沒有什麼興趣，卻還是很有耐心地聽著。

　　她的侍女說：「我曾經在一間旅館裡工作，那兒有一個非常有趣的園丁，他總是說著各種好玩的趣事。有一次，連續下了三天的雨，我對那園丁說：『你覺得這天氣究竟會不會放晴啊？』結果他回答我：『我的老天！下完雨哪一次沒有放晴啊？』」

　　這位女士聽了大為驚異，因為這正是她心中所想事情的解答！於是她虔敬地說：「是的！與我的神同在，事情總是會雨過天青的。」之後不久，她的問題就以一種意想不到的方式解決了。

 想要培養直覺，
現在就請大聲跟著唸……

無窮的上天，請賜我智慧，使我能善加利用每一個機會。永遠不要讓我錯過任何的訣竅。

我一直都處在直接明白的靈感下，我知道該做什麼，並且會立即遵從我的直覺引導。 ——面臨選擇時唸1次——

我的命運天使走在我的路前，使我保持在正確的道路上。
——每天唸1次——

在神的國度裡沒有祕密。不論我應該知道什麼，現在都在恩典之下，顯示在我面前。

我現在將我個人的意願放在聖壇上。這是祢的意願而非我的意願；祢的方式而非我的方式；祢的時間而非我的時間——在眨眼間，它就被完成了！

所有的力量都賜給了我，好讓我能調服並謙卑己心。我願意成為最後一名，因此，我才是第一名。
——每天唸1次——

nfinite Spirit, give me wisdom to make the most of my opportunities. Never let me miss a trick.

am always under direct inspiration. I know just what to do and give instant obedience to my intuitive leads.

y angel of destiny goes before me, keeping me in the Way.

here are no mysteries in the Kingdom. Whatever I should know will now be revealed to me, under grace.

now place my personal will upon the altar. Your will, not my will; Your way not my way; Your time not my time— and in the twinkling of an eye it is done!

ll power is given unto me to be meek and lowly of heart. I am willing to come last, therefore, I come first!

我是一個完美的、毫不抗拒的工具，使神可以透過我來作工。祂為我所做的完美計畫，現在就要以一種奇妙的方式實現完成。

I am a perfect non-resistant instrument for God to work through, and His perfect plan for me now comes to pass in a magic way.

憑藉著上天的力量，我能敏感地察覺直覺的指引，並且迅速聽從上天的旨意。

I am divinely sensitive to my intuitive leads, and give instant obedience to Thy will.

祈求保護

打破負面思維的3句禱告詞

- 超意識（或內在的神性）能夠為我們的爭戰搏鬥，讓我們卸下重擔。

- 傳遞善意的人會為自己形成保護光環。

這裡有消除負面思想的無窮力量，
現在請大聲唸出來……

基督的白光圍繞著我，沒有任何的負面思想能穿過它。

I am surrounded by the White Light of the Christ, through which nothing negative can penetrate.

我走進基督的光，心中的巨大恐懼漸漸縮小直到消失。沒有任何事物能阻礙我的好事。

I walk in the Light of the Christ and my fear giants dwindle into nothingness. There is nothing to oppose my good.

現在，上天的愛消除並且驅散了我心裡、身體及生活中的每一個錯誤。上天的愛是宇宙最有力量的化學物質，它能消除任何東西，除了它自己。

Divine Love now dissolves and dissipates every wrong condition in my mind, body and affairs. Divine Love is the most powerful chemical in the universe, and dissolves everything which is not of itself.

祈求真我

實現完美人生的10個祝禱詞

- 不要強迫自己成為某一種形象；不要硬逼自己想像心靈的藍圖。

- 千萬不要埋沒自己的天分，不使用自己的能力將會付出慘痛的代價。

每一個人的生命都有一套神聖設計！就如同橡樹的完美形象是在橡實中一般，一個人生命的完美型式是存在於他的超意識中。

在完美的設計裡，沒有極限，只有健康、財富、愛和完美的自我表現。所以，在人的道路上，一定會有一個完美的選項，人們每一天都必須依據這完美的計畫生活，否則就會招致不幸的反作用結果。

有一位女士搬進一間新的公寓，當她佈置得差不多時，一個念頭閃過她腦中：「在房間的那一邊應該要放一個中式的櫥櫃。」

不久之後，她經過一間古董店，並且往裡頭瞥了一眼，看見那兒站著一只漂亮極了的中式櫃子，大約二百五十公分高，雕刻得非常精細美麗。

她走進店裡詢問那只櫥櫃的價錢，店員說它值一千美元，但是擁有它的女士願意少拿一些，接著那店員又加了一句：「你願意出多少錢呢？」她猶豫了一會兒，然後一個「兩百美元」的價格閃進她的心中，於是她回答：「兩百美元。」店員說如果賣方願意接受這個價格，他會通知她。

她不想欺騙任何人，也不想接受任何非正當屬於她的事物，因此她回到家後，便一直重複說著：「如果它是我的，我就不會失去它；如果它不是我的，我也不要它。」那是個下雪天，她不停把積雪從右邊移到左邊，直到清出一條通往她公寓的通道，藉此加強她的話語。

　　幾天之後，她就接到通知，說那位女士願意以兩百美元的價格賣給她那只櫃子。

　　不論是中式櫥櫃還是百萬現金，每一個需求都會得到它的供給——「他們尚未求告，我就應允。」不過，除非這櫥櫃或百萬現金是上天所揀選的（Divinely Selected），否則它們永遠不能帶來快樂——「若不是耶和華建造房屋，建造的人就枉然勞力。」

瞭解並實現天命的力量就要交給你，
只要你現在大聲把它唸出來……

我放開所有神聖設計中不屬於我的東西，而我生命的完美計畫現在就會實現。

——每天唸1次——

我跟隨直覺的神奇道路，並且發現在恩典之下，我已置身在屬於我的應許之地。

凡神授權利是屬於我的事物，就永遠不會被奪走。神為我所做的完美計畫，是建立在一塊磐石之上。

我的心、身以及周遭的事物，現在根據內在的完美模式塑造出來。

神是唯一的力量，且那力量現在就在我的內在。生命只有一種計畫，就是神的計畫，而那計畫現在就會實現。

我已為我生命的神聖計畫做好完全的準備，而且我非常能勝任這種狀況。

I let go of everything not divinely designed for me, and the perfect plan of my life now comes to pass.

I follow the magic path of intuition and find myself in my Promised Land, under grace.

What is mine by Divine Right can never be taken from me. God's perfect plan for me is built upon a rock.

My mind, body and affairs are now molded according to the Divine pattern within.

God is the only power and that power is within me. There is only one plan, God's plan, and that plan now comes to pass.

I am fully equipped for the Divine Plan of my life; I am more than equal to the situation.

我生命的神聖設計現在就會實現，我現在就填滿那個除了我之外無人能填滿的位置；我現在就執行那些除了我之外無人能做的事。

——每天唸3次——

我獻上感恩，因為我現在從宇宙財庫中，取出所有可以滿足我心正當渴望之事物。

所有的門，現在都為了快樂的驚喜而大開，在恩典之下，我生命的完美計畫正在加速實現。

讓這個孩子體內的神性擁有完美的表現；讓他的人生能實現他的身體、心理及生活中的神聖設計，直到永遠永遠。

——為孩子祈禱時每天唸5次——

he divine Design of my life now comes to pass. I now fill the place that I can fill and no one else can fill. I now do the things which I can do and no one else can do.

give thanks that I now bring forth from the Universal Substance everything that satisfies all the righteous desires of my heart.

ll doors now open for happy surprises and the Divine Plan of my life is speeded up under grace.

et the God in this child have perfect expression; let the Divine Design of his mind, body and affairs be made manifest throughout his life, throughout eternity.

祈求視力

預見美好未來的7個祈福文

- 為奇蹟做準備、期待奇蹟的到來，才能邀請奇蹟降臨。

- 我們必須全心全意地活在當下。

預見美好未來的視力就在你身上，
現在跟著唸就能將它釋放……

（不完美的視力，會帶來──恐懼、懷疑，所見盡是障礙。
你會等著看不幸的事情發生，也就是活在過去或未來，而非活
在當下。）

基督的光，現在滿溢我的眼球，我擁有澄澈清晰的靈性視
野，我清楚且確實地看到，在我的道路上沒有任何阻礙，我
清楚地看到我心所渴望的事物實現圓滿。

The Light of the Christ now floods my eyeballs. I have the
crystal clear vision of the Spirit. I see clearly and distinctly
there are no obstacles on my pathway. I see clearly the
fulfillment of my heart's desire.

我擁有澄澈清晰的靈性視野。我往上、往下、往四面
八方看過去，我的好事從北方、南方、東方以及西方
到來。

──每天唸1次──

I have the crystal clear vision of the Spirit. I look up
and down and all around, for my good comes from
North, South, East and West.

我擁有澄澈清晰的靈性視野，我清楚地看到眼前開闊的道路，在我經過的道路上沒有任何阻礙，我現在只看到奇蹟和驚喜發生。

——每天唸1次——

我為了我完美的視覺獻上感恩。我在每一張臉孔上看到神，我在每一種情勢中看到好事。

我擁有如X光般的靈性之眼，我能看透已顯露出來的障礙，我清楚地看到奇蹟發生。

從前我是眼瞎的，但現在卻能清楚而明確地看到，神為我的生命所做的完美計畫。

我的眼就是神的眼，完美無瑕。基督的光滿溢我的眼球，流到我的道路上。我清楚地看到，在我的道路上沒有獅子，只有天使和無盡的祝福。

I have the crystal clear vision of the Spirit, I see clearly the open road. There are no obstacles on my pathway. I now see miracles and wonders come to pass.

I give thanks for my perfect sight. I see God in every face, I see good in every situation.

I have the X-ray eye of the Spirit. I see through apparent obstacles. I see clearly the miracle come to pass.

Whereas I was blind, now I can see clearly and distinctly the Divine plan of my life.

My eyes are God's eyes, perfect and flawless. The Light of the Christ floods my eyeballs and streams on my pathway. I see clearly there are no lions on my way, only angels and endless blessings.

祈求聽力

讓耳朵傾聽直覺的最佳2句許願詞

- 移去所有的固執，願意聽從引導。

- 請相信、聽從直覺的指引，這樣省時又省力，
  還可以避免人生的不幸。

現在大聲唸出肯定句，
就能打開傾聽直覺之聲的耳朵……

（聾——伴隨而來的是——強烈的個人意志、頑固以及不想聽到某些特定事情的欲望。）

我的耳朵是靈性之耳，基督的光現在流過我的耳朵，消融所有的固執或殘疾。我清楚地聽到直覺之聲，並且即刻遵從奉行。我清楚地聽見充滿極大喜樂的開心之事。

My ears are the ears of Spirit. The Light of the Christ now streams through my ears dissolving all hardness or malformation. I hear clearly the voice of intuition and give instant obedience. I hear clearly glad tidings of great joy.

我的耳朵就是上天的耳朵，我是透過聖靈的耳朵在聽。我不抗拒，願意接受上天的引導。我聽到非常喜悅的聲音。

My ears are God's ears, I hear with the ears of spirit. I am nonresistant and am willing to be led. I hear glad tidings of great joy.

祈求記憶

1句快樂密語拋開挫折和悲傷往事

• 忘記背後，努力前面的。

• 我們應該祝福過去，然後忘掉它。

這裡有擁抱美好記憶的魔法，
接下來請跟著一起把它唸出來……

在我上天的旨意中沒有失去記憶這回事，因此，我記起每一
件我應該記得的事，並且忘掉所有無法為我增長利益的事。

There is no loss of memory in Divine Mind, therefore, I
recollect everything I should remember and I forget all that
is not for my good.

祈求豐收

擺脫失敗圖像的唯二解答

- 抹除所有的失敗思想──想要成功卻老是想著
  失敗，就一定會失敗。

- 要隨時注意自己付諸行動的動機是出自於信
  念，而非恐懼。

現在跟著大聲唸，
就能擺脫失敗的思想……

（伴隨欠收而來的是——嫉妒、敵意、怨恨、恐懼等。）

凡是我父未在天上栽種的所有植物，都要被連根拔起。我意識中所有的失敗思想，現在都被抹除。基督的光現在流過我的每一個細胞，我為我發光發熱的健康和幸福獻上感恩，從現在直到永遠。

Every plant my Father in Heaven has not planted shall be rooted up. All false ideas in my consciousness are now obliterated. The Light of the Christ streams through every cell and I give thanks for my radiant health and happiness now and forevermore.

每個錯誤的預言都將失效，每個不是上天安排的計畫都會消失，現在上天的旨意就要實現了。

Every false prophecy shall come to naught; every plan my Father in heaven has not planned, shall be dissolved and dissipated, the divine idea now comes to pass.

Part 2

給對各種人際關係感到
不知所措的人

Love

世界上最大的是海洋，比海洋大的是天空，
比天空大的是胸懷。

—— 雨果（Victor Hugo），法國名作家 ——

祈求真愛

找到真愛的6句幸福小語

- 請傳遞你的善意，因為你永遠得不到自己沒有付出過的東西，包括愛。

- 摒除心中的仇恨、怨懟與批評等負面情緒，不然這些東西都會像迴力棒一樣回到自己身上。

愛，通常伴隨著巨大的恐懼。幾乎每一個女人心中都有一個幻想世界，裡頭有一個不存在的女人，將會從她身邊奪走她的愛人。這個女人被稱做「另一個女人」。當然，這些幻想是來自女性二元論的思想，但是只要她想像得夠久夠深，這件事就會真的發生。

對一個女人來說，要看見她所愛的人對她的愛，通常是非常困難的，因此下面這些肯定語句，就是要把這種情況的真實面烙印在她的潛意識中，因為在現實中，只有完整的一（only oneness）。

（請參見《健康、財富、愛與完美自我表現的人生祕密》P127～P132。）

 找到真愛的祕密就在這，
大聲唸出這些話語就能得到解答……

完整協調的神與我同在，因此完整協調的愛與完整協調的幸福都與我同在。

As I am one with God, the Undivided One, I am one with my undivided love and undivided happiness.

我內在裡的基督之光，現在抹去所有的恐懼、懷疑、憤怒和怨恨。神的愛灌注傾瀉在我身上，形成一股無法抵擋的魅力之流，我眼中只見盡善盡美之事物，並且將屬於我的部分都帶到我身邊。

The Light of the Christ within now wipes out all fear, doubt, anger and resentment. God's love pours through me, an irresistible magnetic current. I see only perfection and draw to me my own.

透過我，神聖的愛現在摧毀所有可見的障礙，使我的道路清楚、簡單且成功。

Divine Love, through me, now dissolves all seeming obstacles and makes clear, easy and successful my way.

我愛每一個人，每一個人也都愛我。我的敵人都變成我的朋友，成為我幸福鎖鍊上的一個黃金環節。

—— 心中有恨念時唸3次 ——

love everyone and everyone loves me. My apparent enemy becomes my friend, a golden link in the chain of my good.

我和自己以及全世界都和平相處。我愛每一個人，每一個人也都愛我。滿溢著專屬幸福的大門，現在為我敞開。

—— 每天唸1次 ——

am at peace with myself and with the whole world. I love everyone and everyone loves me. The flood gates of my good now open.

我的良善意志如一座堅固塔樓將我包圍，現在，我將所有的敵人都轉變為朋友，將所有的衝突轉變為和諧，所有的不義轉變為公義。

y good-will is a strong tower round about me. I now transmute all enemies into friends, all inharmony into harmony, all injustice into justice.

祈求婚姻

讓愛情持續到永遠的No. 1魔法咒

- 在夫妻的思想世界當中，兩個人應該要是同一的，因為一個人會受到他的思想結果牽引，若不同一就容易分離。

- 能互相共享相同的品味、抱負和生活，婚姻才能屹立不搖。

婚姻，只有建立在「合一」的磐石上，才能屹立不倒。「兩個靈魂，有著一樣的思想；兩顆心，有著一樣的心跳。」這兩句詩明白指出，除非丈夫和妻子擁有同樣的思想（或生活在思想相同的世界中），否則不可避免地終將走向分離。

思想是一股巨大的振盪力量，一個人會受到他的思想結果所牽引。

一個男人和一個女人結婚了，他們看起來很幸福。男人變得很成功，品味也提升了，但女人卻仍然活在一個受限的意識中。男人每次要買東西時，總是走進最好的店裡，選擇他真正需要的，而不去考慮價錢。但女人外出時，卻往往流連在廉價商店中。在男人的思想上，他是生活在第五大道上，但女人的思想世界卻是第三大道裡。最後他們關係破碎，走上分手一途。

我們太常看到這樣的例子：富有且成功的男人，在人生的後半段，遺棄了他們忠實且努力勤勉的妻子。

一個妻子一定要跟上丈夫的腳步，在他的思想世界中，與他共享同樣的品味、抱負和生活，因為不論一個男人心中認為他身在何處，那兒就是他的世界。

每一個人都有他天生命定的「另一半」，也可以說是上天所揀選的。

在夫妻的思想世界中，兩個人是同一的，這兩個人是「神配合的，人不可分開」，「二人成為一體」，因為在兩人的超意識心中，有著同樣的神聖計畫。

永結同心的願望就將要成真，
只要現在大聲唸出這個祈禱句……

我獻上感恩，因為在天堂所造的婚姻，如今在人間實現。二人成為一體，從現在起，直到永遠。

I give thanks that the marriage made in heaven is now made manifest upon earth. "The twain shall be made one" now and for all eternity.

祈求寬恕

用原諒打開幸福大門的4個祈願文

- 自己首先要寬恕每一個人，接下來再祈求別人的寬恕。

- 如果我們無法修正過去做的錯事，那麼現在就對別人好一點，也同樣能補救過去的錯誤。

現在請全心全意地唸出來，
你也可以得到寬恕的力量……

我寬恕每個人，每個人也都會寬恕我，我的幸福大門已經打開了。

I forgive everyone and everyone forgives me. The gates swing open for my good.

我呼求寬恕之法，我將免於錯誤以及錯誤的後果。我在恩典之下，而非處於因果法則之下。

——做錯事時唸3次——

I call on the law of forgiveness. I am free from mistakes and the consequences of mistakes. I am under grace and not under karmic law.

在神之國度中不曾發生過的事，也絕對不會發生在別處。

What didn't happen in the Kingdom never happened anywhere.

即使我的錯誤罪孽深重，也將被洗刷得潔白勝雪。

——自我反省過後唸1次——

Though my mistakes be as scarlet, I shall be washed whiter than snow.

祈求和平

讓動物也一輩子快樂的2個有效句

- 讓動物們永遠待在正確的地方。

- 讓動物們展現牠們自身的神聖設計。

 現在請全心全意地唸出祈禱詞，
就能幫身邊的動物祈福……

我否認所有可見的混亂，這隻狗在上天的旨意裡，是一個完美的設計，而牠現在就要展現神對一隻完美的狗所做的完美設計。

deny any appearance of disorder. This dog is a perfect idea in Divine Mind and now expresses God's perfect Idea of a perfect dog.

無窮的智慧照亮並指引這隻動物，牠是上天旨意裡的一個完美設計，並且永遠都待在正確的地方。

nfinite Intelligence illumines and directs this animal. It is a perfect idea in Divine Mind and is always in its right place.

Part 3

給正為病痛所苦的人

Health

悲觀的人雖生猶死，樂觀的人永生不老。

——喬治・戈登・拜倫（George Gordon Byron），英國詩人——

祈求健康

不生病生活的5大肯定語

- 每種疾病都有相對應的心理問題。如果我們繼續保留有害的思想，像是囤積、憎恨、恐懼、譴責，就會再度生病。

- 照顧家庭的人要誠懇地說自己很快樂，否則你的恐懼會為他們的生活帶來疾病或意外。

當一個人處於和諧平穩與快樂中，他就是健康的！所有的疾病都來自於違犯或侵害了靈性法則。

耶穌說：「你已得醫治，你的罪赦了。」

怨恨、惡意、仇恨、恐懼……等等，會撕裂身體的細胞，並毒害血液（參見《健康、財富、愛與完美自我表現的人生祕密》P55～P57）。

意外、老化和死亡本身，都來自懷抱著錯誤的心智圖像。當一個人能以神看他的眼光看自己，他就成為一個光耀奪目、熱力四射的生命，不受時間限制，無生亦無死，因為「神照著祂的樣式和祂的形象創造了人」。

現在請大聲唸出這健康魔法咒，
利用觀想打造不生病的身體……

我絕不疲倦，因為沒有任何事使我疲累。我住在永恆喜樂與趣味十足的國度中。我的身體是「發電體」，沒有時間，不會疲倦，無生亦無死。時間和空間都不存在了。

——每天唸1次——

deny fatigue, for there is nothing to tire me. I live in the Kingdom of eternal joy and absorbing interests. My body is "the body electric," timeless and tireless, birthless and deathless. Time and space are obliterated!

我在美好的當下，無生亦無死。我是與主同在的人！

live in the wonderful now, birthless and deathless! I am one with The One!

在我裡面的祢是：永遠喜樂；永遠年輕；永遠富足；永遠健康；永遠慈愛；永恆的生命。

Thou in me art: Eternal joy. Eternal youth. Eternal wealth. Eternal health. Eternal love. Eternal life.

我是一個靈性的生命——我的身體是完美的，是依照神的樣式和形象所造。基督的光，現在流過每一個細胞，我為了光熱十足的健康獻上感謝。

I am a Spiritual Being—my body is perfect, made in His likeness and image. The Light of the Christ now streams through every cell. I give thanks for my radiant health.

你已得治癒。

Be thou healed.

祈求滋養

改善貧血的2個有效關鍵句

- 停止憤怒。憤怒會模糊我們的預見力,毒化我們的血液,也是疾病之源,還會造成走向失敗的錯誤決定。

- 看見自己的幸福,讓自己所有的渴望都能夠得到滿足。

這裡有滋養細胞、改善貧血的咒語，
現在就大聲唸三次⋯⋯

（伴隨貧血而來的是——無法滿足的渴望——也就是會
欠缺幸福。）

我由內在的靈所滋養，我身體的每一個細胞都充滿了光，我
為發光發熱的健康和無盡的幸福獻上感恩（這句話其實可以用在
治療任何一種疾病上）。

am nourished by the Spirit within. Every cell in my body is
filled with light. I give thanks for radiant health and endless
happiness. (This statement may be used in the healing of any
disease.)

上天的愛將健康源源不絕地灌進我的意識中，我體內
的每個細胞都充滿了光亮。

ivine Love floods my consciousness with health, and
every cell in my body is filled with light.

祈求舒適

痠痛的最佳療癒小語

• 消去所有的痠痛思想。當正確的念頭取代了錯誤的念頭，不會造成任何的損失或犧牲。

• 丟掉錯誤的見解、吹毛求疵等等。因為不斷指責別人會導致風濕病，就像挑剔、不諧調的思想會導致身體關節的血液阻塞一樣。

這句肯定句有關掉痠痛開關的力量，
現在請誠心地大聲唸……

（伴隨痠痛、風濕症而來的是——錯誤的見解、吹毛求
疵等負面思想。）

基督的光現在滿溢我的意識，消融所有的痠痛思想。我愛所
有的人，所有的人也都愛我。我為我發光發熱的健康和幸福
獻上感恩。

The Light of the Christ now floods my consciousness
dissolving all acid thoughts. I love everyone and everyone
loves me. I give thanks for my radiant health and happiness.

祈求強壯

治療心臟病的好用祈禱詞

- 讓自己的身段柔軟，剛硬的心會使心臟硬化。

- 學會寬恕，無法原諒別人的念頭容易引起動脈
  硬化等心血管疾病。

當心臟想要強壯，整個宇宙都會來幫忙，
只要你現在把這關鍵語唸出來……

（伴隨心臟病而來的是──恐懼、憤怒等等。）

在上天的旨意裡，我的心臟是一個完美的設計，現在位在它
正確的位置上，做正確的工作。這是一顆快樂的心臟，一顆
沒有恐懼的心，以及一顆充滿慈愛的心。基督的光現在流過
我的每一個細胞，我為我發光發熱的健康獻上感恩。

M y heart is a perfect idea in Divine Mind and is now in its right place, doing its right work. It is a happy heart, a fearless heart and a loving heart. The Light of the Christ streams through every cell and I give thanks for my radiant health.

PART 4

給想吸引更多財富的人

Wealth

財富不屬於擁有它而屬於享受它的人。

——班傑明‧富蘭克林（Benjamin Franklin），科學、政治家——

祈求財富

提升好財運的13個咒語

- 請把錢當做好朋友一般的重視,祈求富有並不是壞事。

- 不要害怕花錢,用行為表現出你對看不見的寶庫的信心。

人來到這個世界上，神就是他一切的供應者。舉凡他所渴望的或要求的事物，都已經預備在他的道路上，並且透過信心和說出的話語，就能釋放並得到這些補給——「你若能信，在信的人，凡事都能。」

有一天，一位女士來到我這裡，告訴我她用了《健康、財富、愛與完美自我表現的人生祕密》中讀到的一句肯定句所得到的經驗。

當時她並什麼沒有舞臺經驗，但是很想得到某一個很棒的角色。於是她使用了這句肯定的話：「無限的聖靈啊！請為我的巨大寶藏開啟道路！我是一塊無法抗拒的磁鐵，能將一切依神授權利決定屬於我的事物，都吸引到我身邊。」

結果，她在一齣很成功的歌劇中得到一個非常重要的角色。

她說：「這是一個奇蹟！完全是因為那句肯定的話而發生——我把那句話翻來覆去唸了好幾百遍！」

致富的機會就在這裡，
現在請跟著一起把它們唸出來……

我現在從宇宙的寶庫中，領出屬於我的、即時且無盡的補給資源。所有的機會管道都暢通無阻！所有的機會大門都為我開放！

———每天唸1次———

now draw from the abundance of the spheres my immediate and endless supply. All channels are free! All doors are open!

我現在釋放出我內在的金礦。我與一條滿載財富的、源源不絕的黃金溪流緊緊相連，在恩典之下，這條黃金溪流以完美的方式流向我。

now release the gold-mine within me. I am linked with an endless golden stream of prosperity which comes to me under grace in perfect ways.

我不怕讓金錢流出，因為我知道神是我即刻且源源不絕的供給者。

———覺得荷包吃緊時唸1次———

am fearless in letting money go out, knowing God is my immediate and endless supply.

美德與慈悲將在我生命中的每一天與我相隨，我將永遠住在
豐足之屋中。
——每天唸1次——

我的神是豐足之神，我會得到我想要和需要的一切，
甚至更多。

我獻上感恩，因為依神授權利決定屬於我的無數財富，如今
正在恩典中，以完美的方式傾倒而入並積聚成山。

對我的供給是取之不盡、用之不竭，而且立即實現
的，它們會在恩典之下，以完美的方式來到我這裡。
——感到缺乏時唸1次——

在恩典下，神授權利屬於我的一切現在都被釋放，大量的財
富以奇蹟般的方式，如雪崩般洶湧堆積到我這裡。

為了我即刻且無窮無盡的、神聖設計下的財富供應，
所有的管道都暢通無阻，所有的大門都為我開放。我
的船在恩典中以完美的方式駛過風平浪靜的大海。

oodness and mercy shall follow me all the days of my life and I shall dwell in the house of abundance forever.

y God is a God of plenty and I now receive all that I desire or require, and more.

give thanks that the millions which are mine by Divine Right, now pour in and pile up under grace in perfect ways.

y supply is endless, inexhaustible and immediate and comes to me under grace in perfect ways.

ll that is mine by Divine Right is now released and reaches me in great avalanches of abundance, under grace in miraculous ways.

ll channels are free and all doors fly open for my immediate and endless, Divinely Designed supply. My ships come in over a calm sea, under grace in perfect ways.

意想不到的機會大門為我開放，意想不到的管道都條條暢通，無窮無盡、如雪崩般湧來的大批財富，正在恩典之下，以完美的方式傾倒在我身上。

——需要財富時唸1次——

我將智慧而無懼地依著直覺花錢，因為我知道我的財富供給是無窮無盡且即刻到來的。

神是我永不失敗的供給者，在恩典之下，我很快會以完美的方式得到大筆財富。

上天從不延遲。我向神獻上感謝，因為我在神看不見的計畫裡已經拿到了這筆錢，而且這筆錢一定會及時出現。

Unexpected doors fly open, unexpected channels are free, and endless avalanches of abundance are poured out upon me, under grace in perfect ways.

I spend money under direct inspiration wisely and fearlessly, knowing my supply is endless and immediate.

God is my unfailing supply, and large sums of money come to me quickly, under grace, in perfect ways.

Spirit is never too late. I give thanks I have received the money on the invisible plane and that it manifests on time.

祈求擁有

避免丟失的2個肯定語

- 相信人只能失去依神授權利決定不屬於他的東西，或對他來說不夠好的事物。

- 丟掉自己「會失去」的心念。

如果一個人失去了任何事物，顯示在他的潛意識中有著相信會失去的心念。如果他能抹除這虛妄的信念，這件失去的事物或是同等價值之物，將會重新出現在生活中。

　　有一位女士在電影院裡失去了一支銀鉛筆，她努力嘗試了各種方法想把它找回來，但是它一直沒有出現。然而，她拒絕承認這是失去，並且說了這段肯定語句：「我沒有失去，在上天的旨意中沒有失去這回事，因此我不可能失去那支鉛筆，我將會重新得到它或是它的同等替代品。」

　　幾個星期過去了，一天，她和一位朋友見面，那位朋友脖子上戴著一條細線，上頭掛著一支金鉛筆，並轉向她說：「你想要這支鉛筆嗎？它是我在蒂芬妮（Tiffany）花了五十美元買的。」

　　這位女士驚得呆了，她回答道（差點忘了謝謝她的朋友）：「喔！神啊！祢是多麼奇妙而不可思議！那銀鉛筆對我來說還不夠好呢！」

人只能失去依神授權利決定不屬於他的東西，或是對他來說還不夠好的事物。

只要跟著這樣唸，
你絕對不會失去應該屬於你的東西……

在上天的旨意中沒有失去這回事，因此我不可能失去任何正當屬於我的東西。無窮的智慧永遠不會太遲，無窮的智慧知道失而復得的方法。

在上天的旨意中沒有失去這回事，因此我不可能失去任何屬於我的東西。我必能失而復得，或是得到同等價值的事物。

There is no loss in Divine Mind, therefore, I cannot lose anything that is rightfully mine. Infinite Intelligence is never too late! Infinite Intelligence knows the way of recovery.

There is no loss in Divine Mind, therefore, I cannot lose anything which belongs to me. It will be restored or I receive its equivalent.

祈求了債

讓你與他人兩不相欠的2段祈願詞

- 警惕自己是否抱有債務的心念，有就要抹除。

- 送出愛與善意，這對做生意、吸引財富是很有
  幫助的。

如果一個人身負債務，或是有人欠他錢，顯示在他的潛意識中有著債務的心念。如果要改變狀況，就一定得把這樣的心念抹除掉。

曾經有一位女士到我這兒來，告訴我有一個人欠了她一千元，已經有好幾年了，不過她卻一直無法使他歸還這筆錢。

我說：「妳必須在自己身上——而非那個人身上作工。」然後我給了她這句話：「我否認債，在上天的旨意中，沒有欠債這回事。因此沒有人欠我任何東西，所有事物都是扯平結清的，我將愛與寬恕送給那個人。」

幾個星期後，她收到那個人寫來的一封信，說他打算要將那筆錢寄還她。之後不到一個月的時間，她就收到了那一千元。

如果你是欠錢的人，可以把那句話改成：「在上天的旨意中，沒有欠債這回事。因此我沒有欠任何人任何東西，所有事物都是拉平結清的。在恩典之下，我所有的債務現在都以完美的方式抹除了。」

所有事物都可以扯平結清，
現在請大聲唸出清除債務的肯定句……

我否認債務，在上天的旨意中，沒有欠債這回事，因此我沒有欠任何人任何東西。在恩典之下，我所有的債務現在都以不可思議的方式抹除了。

我否認債務，在上天的旨意中，沒有欠債這回事，因此沒有人欠我任何東西。所有事物都是扯平結清的，我將送出愛與寬恕。

deny debt, there is no debt in Divine Mind, therefore, I owe no man anything. All obligations are now wiped out under grace in a miraculous way.

deny debt, there is no debt in Divine Mind, no man owes me anything, all is squared. I send forth love and forgiveness.

祈求業績

讓買家和賣家都滿意的佳句Top1

- 誠心地祝福你的對手和客人，這樣一來，對方就無法傷害你。

- 要對你的生意抱持著信心，要瞭解你的利益是被保護的。

有一位住在鄉間小鎮的女士想賣掉她的房子和傢俱，然而那是寒冬時節，積雪厚到幾乎不可能有任何轎車或休旅車能到達她家門前。

由於她曾經請求神，讓她能將傢俱以好的價錢賣給對的人，因此她並不在意眼前的狀況。她把傢俱擦得晶亮，放在房間中央，隨時準備好將它賣出。她說：「我從來就不會去看窗外的暴風雪，我只是純然地相信神的允諾。」

最後，人們以某種奇蹟般的方式開車上來，所有的傢俱，以及房子都順利賣出了，而且沒有付給仲介任何佣金。

信心從來不看窗外的暴風雪，它只是純然地為所祈求的賜福做好準備。

現在大聲唸出這句圓滿的祈禱句，
你將會與對的人完成一筆生意……

我獻上感恩，因為這件物品（或是房地產），現在就會以很好的價錢賣給對的人或人們，讓雙方都圓滿快樂。

──做交易前唸3次──

give thanks that this article (or property) is now sold to the right person or persons for the right price, giving perfect satisfaction.

祈求天時

遠離天災的3個肯定句

- 相信人有力量退卻天地的災難、召喚大自然的
  能量。

- 時常祈求大自然永遠都在對的地方，做應做的
  工作。

人是依著神的樣式和形象（想像）所造，並且被賦予力量及統治所有受造物的權力。因此人有力量去「斥責風和海」，能夠制止洪水，或是在需要的時候帶來雨水。

　　有一支住在沙漠地區的美洲印地安部族，完全只能依靠祈禱的力量帶來雨水，好灌溉他們的農作物。他們有一種祈雨舞，那是一種祈禱的形式，但是酋長絕對不會讓任何一個心懷恐懼的人參與。在他們被允許參加儀式之前，都必須先展現自己的勇氣。

　　一位曾經親眼見識這儀式的女士告訴我，在一片藍天之下，一陣暴雨如洪水般降臨，而那時太陽甚至還明亮耀眼地高掛天際呢！

你有統治大自然的力量，
跟著唸就可以釋放它⋯⋯

火

火是人們的朋友，它永遠都在對的地方，做它應做的工作。

ire is man's friend and is always in its right place doing its
right work.

祈雨

在上天的旨意中沒有乾旱這件事。我獻上感恩，因為
我們有適當的雨量，來澆灌滋養農作物或花園。我清
楚地看到這陣溫和的傾盆大雨，現在就要展現。

here is no drought in Divine Mind. I give thanks
for the right amount of rain to nourish these crops
or garden. I see clearly this gentle downpour and the
manifestation is now.

航海平安

我內在的基督現在斥責風和海，它立刻歸於深深的平靜。我
清楚地看到，平靜祥和在陸上和海上建立。

he Christ within now rebukes the winds and the waves and
there comes a great calm. I see clearly peace established on
land and sea.

祈求旅行

成功出遊的祕密重點句

- 善用「準備的定律」，如果你需要的話，買一個行李箱吧！

- 讓旅程的藍圖在你的意識中栩栩如生。

想要完成旅行的夢想，
把這句肯定語唸出聲就對了……

我獻上感恩，因為這神聖計畫的旅行，是帶著神聖計畫的供給，在神聖計畫的情況下來實現完成。

give thanks for the Divinely planned journey under Divinely planned conditions with the Divinely planned supply.

祈求好事

26句好話擁有健康、財富與愛的完美人生

- 人在內心思想世界種下什麼因，就必於外在生活中收割它的果。

- 為了讓祈禱所得的答案在生活中實現，必須表現出積極主動的行為與信心。

凡是你不喜歡或痛恨的事，一定會發生在你身上。因為當人陷在怨恨之中，等於在潛意識中創造一幅生動的影象，然後這件事就會具體化的發生。要抹除這些影像的唯一方法就是「不抵抗」（參見《健康、財富、愛與完美自我表現的人生祕密》P65～P72）。

有一個女人很喜歡一個男人，可是他總是不斷談著他那些迷人的表姊妹之事。她非常嫉妒和憤恨，而他就從她的生命中離開了。

後來她又遇到另一個很吸引她的男人，然而在他們談話的過程中，他又提到了某些他非常喜歡的表姊妹們。她很憤恨，接著卻笑了起來，因為她的老朋友——「表姊妹們」又回來了。這次她試著不抵抗；她祝福宇宙中所有的表姊妹們，並且向她們送上善意。因為她知道，如果不這樣做，她遇到的所有男人，都會有一堆女性親戚。

這個做法成功了，因為她再也沒有聽到有人向她提起任何表姊妹了。

這就是那麼多人在生命中一直重複不幸經驗的原因。

我認識一個女人，很喜歡誇耀她的煩惱，她會四處跟人說：「我很清楚煩惱是什麼！」然後等著聽人們同情的安慰話語。

當然啦！她愈常提到她的煩惱，她的煩惱就愈多，因為憑她的話，她已經「被定有罪」。

　　她應該用自己的話語來抵銷這些煩惱，而不是使它們愈來愈多。舉例來說，如果她重複地唸著「我將所有的重擔都卸給內在的基督，我就得到自由了」，並且不隨便將她的不幸說出口的話，那這些不幸就會從她的生命中消失，因為——「要憑你的話，定你為義。」

「凡你所看見的一切地，我都要賜給你。」

　　人在內心思想世界種下什麼因，就必於外在生活中收割它的果。

　　　一位非常需要錢的女人在街上走著，並且說著「神是她即時的供給者」這句肯定語句。然後，當她往地上看的時候，發現她腳邊有兩百美元鈔票，就順手把它們撿了起來。

　　　一個站在附近的男人（一棟建築裡的守衛門房）對她說：「女士，你是不是撿到了一些錢？我一直以為它是一張口香糖的包裝紙，剛剛有一大堆人走過它，可是當你走過來的時候，它卻像一片樹葉般展開來。」

　　正因為其他人的心中想著的是匱乏，才會與鈔票擦身而過，然而由於那位女士充滿信心的話語，才能讓鈔票展開來。

　　因此，生命中的機會也一樣——有人能看見，其他人卻是擦身而過。

「如果信心沒有伴隨著努力（或行為），就是死的。」為了要讓祈禱所得的答案在生活中實現，學生必須表現出積極主動的信心。

曾經有一個女人來找我，請我為她出租房間的事說話祈禱。我給了她這句話：

「我獻上感恩，這間房子現在就以完美的價錢，租給正確且完美的人，雙方都非常滿意。」

幾個星期過去了，那間房子卻沒有租掉。我問她：「你有展現出積極主動的信心嗎？你有依照與這房子相關的每一個直覺行動嗎？」

她回答道：「我有個直覺要幫這房間裝一盞燈，可是我覺得我應該負擔不起。」

我說：「除非你裝上那盞燈，否則這房間將永遠都租不出去。因為買燈表示你正在執行你的信心，並且把確定這件事銘刻在潛意識中。」

我又問：「一盞燈要多少錢？」

她回答：「四美元。」

然後我大聲喊著：「四美元就擋在你和那個完美的人中間！」

於是她變得異常積極——她買了兩盞燈。大約一個

星期過後，那個完美的人就走進來了。他不抽菸，還預付了房租，而且在每一方面都符合她的理想。

除非你們變回小孩子的樣式並挖掘你們的壕溝，否則斷不得進入實現的國度（參見《健康、財富、愛與完美自我表現的人生祕密》P115）。

〰〰〰〰※〰〰〰〰◈〰〰〰〰

「沒有願景讓我的人民滅亡。」人若是沒有一些目標；沒有期待著某些應許之地，他就要開始敗壞了。我經常在鄉村小鎮裡看到這種事，有些人整個冬天都坐在火爐邊無所事事，這些人們「沒有任何抱負願景」。每個人的內在，都有一個未被發掘的國度、一個金礦。

我認識一個住在鄉村小鎮裡的人，大家都叫他「木蘭查理」，因為他總是能找到春天的第一朵木蘭花。他是製鞋匠，但是每天下午他都會放下工作，到車站去等四點十五分從某個遙遠城市開來的火車。

第一朵木蘭花和四點十五分的火車，是他生命中唯一的浪漫傳奇。

他依稀感受到來自超意識心中的願景呼喚。毫無疑問的，他生命的神聖設計包括了旅行，以及他可能成為植物界的天才。

透過說出的話語，神聖的設計就可能被釋放出來，讓每個

人都能完成他的天命。「我現在清楚地看到我生命的完美計畫，神聖的熱情激勵了我，我現在就要完成我的天命。」

靈性對待錢的態度，是去瞭解神是人的供給者，只要透過信心和說出的話語，他就能從宇宙的豐足寶庫中，將它們提取出來。當人們瞭解這一點時，就會失去對錢財的貪婪之心，同時也不再害怕讓錢財流出去。

有了這靈性的神奇錢包，人的供給就會即時且無窮無盡，而他同時也會瞭解，施予永遠走在獲得之前。

曾經有一個女人來找我，請我為她八月初能得到五百塊美元說話祈禱（那時大約是七月初）。我跟她很熟，因此便說道：「你的問題在於你給予得不夠多，你必須用給予來打開你的供給管道。」

那時她已接受邀請去拜訪一位朋友，但是她因為討厭繁文褥節而很不想去。於是她說道：「請讓我保持禮貌三個禮拜，我想要儘快結束行程，能多快就多快，並且確保我說出祈求五百塊的話語。」

她去了朋友家，滿心不快樂和焦燥不安，不停地試著要離開，可是總是被勸服留下來住久一點。然而，她記得我的建議，送給人們許多贈禮，任何時候只要可以，她就送出一份小禮物。

然而，一直到接近八月初的時候，那五百塊美元還是一絲影子都沒有，也沒有任何方法可以讓她逃離這個行程。

　　七月的最後一天，她說道：「喔！神啊！也許我給得還不夠！」於是她發小費給所有的僕人，而且數目比她原本預備的更多。

　　到了八月一日，她拜訪的女主人對她說：「親愛的，我想要給你一份禮物。」接著就遞給她一張五百美元的支票。

神總是以出乎意料的方式，施展祂的奇蹟。

現在大聲唸出這些吸引好事的祈願句，
就能擁有健康、財富、愛與完美的自我表現……

神的工作現在已經完成，而且必定實現。

我不受現況干擾，我相信神——祂現在就要將我心所
渴望的一切帶給我。

我只服侍信心，我無止境的豐足必會實現成就。

——害怕沒有成果時唸3次——

請為我顯現道路，讓我可以清楚明確地看到祢賜給我
的祝福！

我生命的神聖計畫絕對無法竄改，它是永不敗壞且永恆不變
的，它只等待我的確認招呼。

屬於我的好事現在就將以令人驚訝的方式，降臨在我
的身上。

——祈求奇蹟時唸85次——

沒有「那裡」，只有「這裡」。

od's work is finished now and must manifest.

I am undisturbed by appearances. I trust in God—and He now brings to me the desires of my heart.

I serve only faith and my unlimited abundance is made manifest.

R eveal to me the way, let me see clearly the blessing which Thou hast given me.

T he Divine Plan of my life cannot be tampered with. It is incorruptible and indestructible. It awaits only my recognition.

 y good now overtakes me in a surprising way.

 here is no there—there is only here.

讓祢的神聖意志，今天就在我身上完成。

直覺是我的天堂獵犬——它們會指引我走在完美的道路上。

我所追尋的所有事物，現在都來追尋我。

—每天唸3次—

神聖的行動現在在我心裡、身體和周遭事物上啟動運作，不論我是否看見。

我和唯一的存在是同住一體，因此我和我心所渴望的事物也是同住一體。

現在我有一隻靈性之眼，所見盡是圓滿成功。

—失去信心時唸3次—

神是無法被分離或拆開的；因此我的好事也一樣無法被分離或拆開，我與我的好事是合為一體的。

Let Thy blessed will be done in me this day.

Hunches are my hounds of Heaven—they lead me in the perfect way.

All things I seek are now seeking me.

Divine Activity is now operating in my mind, body and affairs, whether I see it or not.

Since I am one with the Only Presence, I am one with my heart's desire.

I now have the single eye of the Spirit and see only completion.

God is incapable of separation or division; therefore, my good is incapable of separation or division. I am one with my undivided good.

你內在的哥倫布將會看透你。

我是一個無法抗拒的磁鐵，吸引著支票、鈔票和現金
——以及依神授權利決定屬於我的一切事物。

——想要金錢時唸3次——

神的法則就是增值的法則，我為我在恩典下以完美方式增加
的豐足，獻上感恩。

——失去方向時唸3次——

我住在豐足之海，我清楚的看見我無窮無盡的供給，
我清楚的看見我應該做的事。

祢是我內在的靈感、啟示和光亮。

祢是我內在的圓滿成功，只要我呼求，就必得到。

我的「奇妙世界」現在就要實現起來，我在恩典之下進入屬
於我的應許之地。我熱愛祢的不抵抗法則，因而住於大大的
平靜中，沒有任何事物能冒犯我。

The Columbus in you will see you through.

I am an irresistible magnet for checks, bills and currency—for everything that belongs to me by Divine Right.

The law of God is the law of increase and I give thanks for increase under grace in perfect ways.

I dwell in a sea of abundance. I see clearly my inexhaustible supply. I see clearly just what to do.

Thou in me art Inspiration, Revelation and Illumination.

Thou in me art completion. As I have asked I must receive.

My "World of the Wondrous" now swings into manifestation and I enter my Promised Land under grace! Great peace have I who love thy law of nonresistance and nothing shall offend me.

在上天的旨意中，我是一個完美的設計，我永遠都在我適切的位置上，在適切的時間裡做適切的工作，並且領取適切的報酬。

所有依神授權利決定屬於我的一切，現在都在恩典之下，以完美的方式釋放出來，並且來到我身邊。

上天的旨意裡只有圓滿，所以我的願望——完美的工作、完美的家，以及完美的健康狀況，一定會實現。

I am a perfect idea in Divine Mind and I am always in my right place doing my right work at the right time for the right pay.

All that is mine by Divine Right is now released and reaches me in a perfect way under Grace.

In Divine Mind there is only completion, therefore, my demonstration is completed. My perfect work, my perfect home, my perfect health.

無窮的上天，請打開通往適合我的家庭、朋友及職位的道路。現在，我為了在恩典下以完美方式實現的願望，獻上最誠摯的感謝。

帶著神性的熱情，我祝福我擁有的一切，並且驚奇喜悅地看著它們不斷成長壯大。

nfinite Spirit, open the way for my right home, my right friend, my right position. I give thanks it now manifests under grace in a perfect way

 ith divine enthusiasm I bless what I have, and look with wonder at their increase.

讓奇蹟降臨

沒有什麼事好到不可能成真！
沒有什麼事美妙到不可能發生！
沒有什麼事好到不能成為永恆！

　　選一句符合你心意的肯定話語，在你正面臨的情況上揮動它。它就是你的神奇魔杖，因為你的話語就是神的行動！

　　「我口所出的話也必如此，絕不徒然返回，卻要成就我所喜悅的，在我發他去成就的事上必然亨通。」

　　「但我說，人沒有聽見嗎？誠然聽見了。他們的聲音傳遍天下；他們的言語傳到地極。」

Florence Scovel Shinn

希恩04

希恩04